nhlingly

Peter Oberfrank – Hunziker

Impressum:

Bibliografische Information der Deutschen
Nationalbibliothek: Die Deutsche
Nationalbibliothek verzeichnet diese Publikation in
der Deutschen Nationalbibliografie; detaillierte
bibliografische Daten sind im Internet über
www.dnb.de abrufbar.

© 2021 Peter Oberfrank - Hunziker
Herstellung und Verlag
BoD - Books on Demand, Norderstedt

ISBN 9783753426693

Mein von mir Peter Oberfrank – Hunziker geschriebenes Buch „nhlingly" ist ein Sportbuch und Naturbuch und Geschichtsbuch mit sportlichen sein und fröhlichen Erinnerungen in meinem Herzen und glücklichen sein und ich feiere heute wieder am 24. 2. 2021 meinen NHL Stanley Cup mit freudigen Lachen und ewigen erinnern an schönes Eishockeyspielen und guten NHL Sport und viel spaßiges feiern …. beim Feiern wünschen sich die Kinder gerne auch spaßige Reime und meiner indianischen ewigen Ehefrau Michelle Hunziker und unseren Kindern in unserer Indianerfamilie Miri und Tiri und Liri und Amelie und Linea habe ich gerne beim Lärchenbaum das Buch Märchentraum vorgelesen und dies mit spaßigen lachen und zur Weihnachtszeit und Keksezeit mit freudigen singen ho ho ho ho ho und yoho ….. meine NHL art names sind auch 24 Christian Perthaler und ewigi und 99 Wayne Gretzky und NHL player ever und NHL Stanley Cup winner ever und Martin St. Louis und Backes und weddingly und

indiany und nhling und NHL celebrating
und unique und einzigartig und technical
worker und doctor und artist und clown
und Larionov ....

Sport in der Natur machen mit Lachen ist
wundervoll und schön ist auch der Besuch
in einem Museum mit nachdenken und toll
anzuschauen und zu bewundern sind die
geschichtlichen Erinnerungsstücke .....

In einer großen Sportarena sind viele Zuschauer mit sportlichen Interesse und freudigen Sein und schöner Bekleidungsmode und netten angenehmen Umgangsformen und eine Jury und gute Sportler und Sportausrüstung und eine einzigartige Sporttrophäe und spaßig rufen die Zuschauer gerne yipieyeah ….

Reimen kann auch spaßig und lustig sein
…

Indianer Jo sind gerne zur Weihnachtszeit
ho ho ho

Im Herzen froh sein ist auch mit Lachen
sein ….

Ein Clown tut gerne im Blumengarten die
vielen farbigen bunten Blumen schauen ….

Die NHL Jerseys sind die sportliche
Bekleidung in der National Hockey League
und auch genannt Nature History League
und auch genannt National History League
und die NHL ist höchste und beste
Sportliga mit Eishockey in der Welt mit
ewigen Sein und schönen feiern …. ganz
schön sind die Feiern auch beim
Fußballclub FC Bayern München und beim
besten NHL Eishockeyteam New York
Rangers mit Confettiparty und Feuerwerk
und modischen Sportschauen und
Mondschauen …....

In der NHL sind 32 Sportteams mit Gymnastiksportvereinen und weltweiten Sportstätten und die 32 NHL Sportvereine sind:

New York Rangers
New York Islanders
Tampa Bay Ligthning
New Jersey Devils
Philadelphia Flyers
Toronto Maple Leafs
Montreal Canadiens
Calgary Flames
Winnipeg Jets
Vancouver Canucks
Edmonton Oilers
Colorado Avalanche
Carolina Hurricanes
Pittsburgh Penguins
Washington Capitals
Los Angeles Kings
St. Louis Blues
Las Vegas Golden Knigths
Chicago Blackhawks
Detroit Red Wings
Boston Bruins
Nashville Predators

Vancouver Canucks
Columbus Blue Jackets
Dallas Stars
Florida Panthers
Anaheim Ducks
Arizona Coyotes
Minnesota Wild Stars
San Jose Sharks
Ottawa Senators
Seattle Kraken

In der NHL gibt einen eigenen schönen
winterwonderland Pokal mit Erinnerungen
an ein Märchenbuch mit der
Buchbezeichnung naturell land ….

Schön und sportlich sind die Erinnerungen
an den old historical T – club ….
sportliches sein ist für mich Peter
Oberfrank – Hunziker als NHL captain
auch gutes freudiges sein und ewiges
lachen …

Einzigartig sein und treu und indiansich
sein im Herzen und sich ewig freuen ….
Peter Oberfrank – Hunziker

Es gibt neben der englischen Sprache und
Schrift und der deutschen Sprache und
Schrift auch alte Sprachen und
Schriften und nett ist es ein Buch zu lesen
im guten Lichte und vielleicht mit dem
wunderbaren Duft von einem Baum Fichte
….

Wichtig ist es kreativ zu sein und mit frohen Herzen tiefsinnig und freudig zu sein …. Peter Oberfrank – Hunziker

Beim Beobachten in der Natur ist es wichtig auf die Einzelheiten zu achten und auch den Gesamtzusammenhang und die Geschichte zu beachten und auch Geheimnisse einzuhalten und für sich zu bewahren und dies sind einzigartige Geschehnisse ….

Wissen ist viel zu tun und genaues sein und mit Erinnerungen sein und freudig lachen …. Peter Oberfrank – Hunziker

Ein Indianer ist mit seiner Familie gern auf Reisen und interessant ist es zu beobachten die vielen Ameisen und heiteres sein ist im Herzen glückliches sein …. Peter Oberfrank – Hunziker

Beim Weihnachtsbaum in der
Weihnachtskirche ist es familiär schön
beim Buch Geschenketraum und nett ist
der weihnachtliche sportliche Spruch
„huch huch huch huch und schön und gut
zu lesen ist das NHL Weihnachtsbuch ….."

Bei der Harvord University bin ich gern
und schaue mit Freude zum
Weihnachtsstern …. Peter Oberfrank –
Hunziker

Gut sportlich ist es mit freudigen lachen
und frohen sein im schönen Sonnenschein

Mein indianischer ewiger Heiratsname ist
Peter Oberfrank – Hunziker und meine
NHL art names sind auch für meine
sportlichen Verdienste meine sportlichen
Namen wie
Brad Isbister
newyorkislandy
team canada
CSKA Moskau
Makarov
Lundqvist
Panarin
Joe Modano
Pertl
Werner Kerth
Gösser EV
ZSC Lions
SC Rapperwil – Jona
Diego Armando Maradona
Team Argentina
Football World Champion
gymno
Tampa Bay Buccaneers
Alpensee
Tyrol
New York

St. Louis
joyy
Yagr
Thomas Vanek
Sampras
Agassi
scientist
Lichtsprache
Stanley cup winner ever
tampsyly
Tampsy
Stenmark
Edberg
Muster
Basketball
sports
Lazise
journeying
blue
colourfull
NHLY
nhling
creative
Einzigartigkeit
Harvord university
indiany land

joyfull
happy
Kevin Keegan
Zico
Raul Nestor Pipo Gorosito
nature boy
american indian
canadien
swissboy
toronto star
New York Rangers Star
skyblue
booky
footballplayer
NFL
NBA
MLB
sporty
Wayne Gretzky
kingy
churchy
good celebrating
NHL celebrating
Tichonov
Happel
Fetisov

Tretjak
Lafreniere
NHL shop
NHL museum
house
village
castle
technical
secrety
magnetism
blue star
sportivo
Hunzi
family
Mickey Mouse
Donald Duck
NYR
stadium
stadiums
living beautiful
HSV
Nürnberg icetigers
Red Bull
coffee
Zibanejad
Esposito

Marc Messier
Neil Belland
Sydney Crosby
television
sportsgear
athletic
Joe Thornton
Chytil
happyly
Kevin Lavallee
Brian Stankiewicz
good sportsgmnastic with music enjoying
smiling
laughing
Kucherov
Hedman
99 Wayne Gretzky
History
nature
remembering
celebrating
joy
fun
easy

….....

Ein netter und ernst gemeinter und
einzigartiger Kinderwunsch ist es auch in
einem Buch einige weiße Flächen für
eigene Gedanken und Niederschriften und
Zeichnen zu lassen und dies mit kreativen
und lustigen sein …. ich erinnere mich
gerne an ein frohes Weihnachtsfest und
unsere Kinder in der Familie Hunziker
schreiben ihre Weihnachtswünsche schön
in ein märchiges Buch mit weiß rosaroten
Buchcover und schön sind die Rosen beim
Weihnachtsbaum und gut für den
Weihnachtstraum und beim Schlafen gut
träumen und aufwachen mit Lachen und
beim Frühstück schön weihnachtlich
gekleidet gut zu essen und zu trinken ein
Brot mit Butter und Wasser und einen
Kakao und Tee und Schokolade und
Weihnachtskekse und weihnachtlich zu
spielen und freudig zu feiern und herzlich
lachen und wissenschaftlich sein und dann
ein gutes Mittagessen und Abendessen und
frohes sein beim schön beleuchteten
Weihnachstbaum und gut zu essen einen
Weihnachtskuchen mit Sahneschaum und
Kaffee trinken und Märchentheater spielen

als herzliche Weihnachtsfee …..

Zur Weihnachtszeit sind wunderschön die
Weihnachtsengel mit freudigen Herzlachen
und frohen sportlichen sein .....

Ein Kinderlachen ist herzlich schön und
tanzen ist ein schöner Sport mit ganz
modischer Bekleidung und elegant ist auch
die Sportgymnastik und fröhlich ist nettes
sein und spaßiges lachen …. im Madison
Square Garden New York Sportsstadium ist
schönes sportliches sein und feierliches
sein und herzliches sein …....................
yuhu
Peter Oberfrank – Hunziker

Im Blumengarten ist es schön im Frühling
und Sommer zu warten bis alle Blumen
schön blühen und die Bienen im Sommer
summen ….

Liebe ist schön einzigartig und tief in
meinem Herzen und familiäres sein und
ewig treuherzig freudig sein ist für mich
Peter Oberfrank – Hunziker herzliches sein
und mit Lachen ewig glücklich und freudig
mit sportlichen Erinnerungen zu sein und
kreativ und fröhlich zu sein

Spaßiges sporteln macht vielen Freude und
dies mit glücklichen Erinnerungen und es
gibt schöne Indianertänze mit frohen
Lachen und Sportgymnastik machen …..

Ein nettes Weihnachtsfest ist mit frohen
Herzen und sportlichen sein und guten
ewigen feiern im schönen Lichtenschein
und dies ist fein und herzliches sein ….

Peter Oberfrank – Hunziker